QUAND PARLENT LES FILS DU VENT

Michèle Barbier

Illustration : Anne-Lise Dehee

En souvenir d'Adolf Lauenburger et du Cirque Aréna

Qui m'ont initiée au romantisme de l'éternel voyage

©2020 Michèle Barbier
Édition : BoD – Books on Demand   12/14 rond-
point des Champs-Élysées, 75008 Paris
Impression : BoD - Books on Demand, Norderstedt,
Allemagne
ISBN : 9782322260492
Dépôt légal : Décembre 2020

Bibliographie de l'auteure

Romans :

Laissez Pleurer les Chiens (Préface de Gilles Costaz)- Editions Walladâ
Place au Cirque (Préface d'Alexandre Romanès) – Editions Riveneuve
Le Manège des Ombres (Préface d'Anne de Commines) – Editions du Net (Journée du Manuscrit 2016)
Nouvel Adieu (Préface de Jean-Jacques Peyraud) – Editions du Net (Journée du Manuscrit 2018)

Histoire :

Le Mythe Borgeaud (Préface de Marcel Jullian) – Editions Walladâ
Jacques Chevallier, député-maire d'Alger- (Préface de Jean-Louis Planche) – Editions Riveneuve
Ces Merveilleux Fous du Cirque – Editions Alan Suton

Théâtre :

Les Mounacs
Marcel Sera Content
Les Matelas de Casa Grande
L'Heure du Biscuit
Laissez Pleurer les Chiens
J'Ai Deux Pays
Le Cirque se Chante Aussi
La Logeuse

Poésies :

Les Chemins d'Errance – Editions L'Harmattan

Albums :

Les Chemins d'Errance
Ferveurs
Vibrances
Voyages

PREFACE

Michèle Barbier, qui a vécu plusieurs vies, avec des transitions parfois douloureuses, nous évoque dans ce recueil, au gré des mots mystérieux de la poésie, son parcours dans le monde du cirque et des forains.

Et ces écrits nous touchent profondément, dans le fond du fond de notre cœur d'enfant. Car tous nos souvenirs d'enfance contiennent au moins un cirque, qui a traversé notre imaginaire et nourri notre sensibilité au monde. Les acrobates, les clowns, les dompteurs sont des figures emblématiques et symboliques du petit théâtre de nos existences. Nous retrouvons en eux tous les fantasmes de l'aventure humaine. Les aériens et funambules réalisent le rêve d'Icare : voler dans les airs comme l'oiseau, effectuer, avec leurs corps transfigurés, des figures, des sauts, des pirouettes d'une surhumaine beauté. Ils marchent sur les mains, regardent le monde à l'envers, dans une sorte de renversement symbolique des valeurs établies. Le clown peut clamer tout haut ce que nous n'osons dire ni même penser. Son accoutrement, ses attitudes, son langage expriment le petit théâtre de la comédie humaine et la parodie du pouvoir. Protégés par la force du rire et de la dérision, ils s'expriment sans qu'on leur en veuille. Et puis, il y a les jongleurs, les musiciens, les dompteurs, les cavaliers, les montreurs de chiens savants… tout un monde bariolé, virevoltant, tourbillonnant, de personnages qui, une fois la représentation terminée, vivent la dureté et les drames de la vie errante des gens de voyage.

Mais quand nous parlons du cirque et de gens du voyage, nous mélangeons tout, sans nuances. Nous parlons comme des « gadjé », c'est-à-dire comme tous ceux qui n'appartiennent pas à cette grande famille, s'épanouissant en périphérie des normes établies de nos sociétés. En effet, bien que les Arts du Cirque ne trouvent pas leur origine chez les Bohémiens, Tziganes, montreurs d'ours ou danseurs de corde, mais dans la discipline militaire, le mode de vie des « gens de cirque » ne manque pas d'évoquer le voyage éternel. Dans la tradition, ils vivent en roulottes, montent le chapiteau dans une ville ou un village, pour le spectacle, et, le lendemain, le démontent pour partir un peu plus loin. Pas d'attaches en dehors de leurs familles d'artistes, pas de maison, ni identité ni patrie incertaine. Les habitants des villes et des villages, ceux qui ont une vie sédentaire dans un lieu donné, se méfient d'eux et les traitent parfois de voleurs de poules ou pire... Ce sont des nomades, leur errance est un combat quotidien. La guerre de 39-45 et l'Occupation allemande qui a suivi ont été une période douloureuse et tragique pour ces populations déportées dans des camps d'extermination nazis et, en France, condamnées à croupir, privées de leur bien essentiel, la liberté, dans les camps de la honte.

Pendant de nombreuses années, Michèle Barbier a fait partie de ce monde à part. Par ses poésies et ses chansons, elle nous en livre sa connaissance intime et savante. Elle nous tend des clefs pour comprendre cet univers complexe et coloré, qu'elle élargit à la comédie humaine en général, emportée par le souffle des ferveurs.

Quand on a le privilège de connaître Michèle Barbier, on entend la voix derrière l'écrit et le chant derrière la voix, cette voix souple mais parfois rocailleuse et violente qu'on imaginerait bien exprimant le *Cante Jondo* des Gitans d'Andalousie, autour des feux de camp. Elle a chanté *Les Chemins d'Errance*, elle crie à l'enfant des roulottes

« *L'errance est grande, l'errance est belle/ Surtout ne te retourne pas* ». Elle s'est éloignée de cette vie de servitudes et de joies immenses qu'est celle du cirque, mais ce n'est pas un reniement. Elle s'est arrêtée dans les villes pour poursuivre sa quête sur les scènes des cabarets et des théâtres.

Lisez ses vers, voyagez avec elle. Quand se lève le vent.

Franck Viguié
Poète, auteur-compositeur-interprète
Membre actif de l'Ouvre Boîte à Poèmes et d'Europoésies
Animateur, avec Claude Viguié, de l'émission l'Onde Poétique
sur IDFM98

AVANT PROPOS

La poésie est sans doute l'expression la plus délicate de l'Art Complet. Elle se nourrit de littérature, de musique, de peinture, de danse, de théâtre, de sculpture, d'architecture. Elle évoque sans décrire, elle dénonce sans accuser, elle invite au voyage le plus dépaysant : celui que l'on fait à l'intérieur de soi, en se laissant guider par un souffle extérieur vers la beauté des formes et des sentiments.

La poésie n'impose rien. Elle propose une sensibilité à la vie commune à tous, en laissant à chacun le choix de découvrir l'autre en s'identifiant soi-même. Lire un poème, c'est entrer dans l'intimité de cet autre, le suivre dans les méandres de ses émotions pour y retrouver ses propres résonances. On ne fait pas que lire un poème ni l'écouter. On vibre, au plus profond de soi-même, on a l'humilité de se reconnaître semblable à l'autre, au-delà des langues et des cultures.

La musique exprime l'essentiel, dépassant les mots et les images. Mère de l'harmonie absolue, elle rassemble ce qui est épars, elle met de l'ordre dans le chaos des sensations. Elle n'analyse pas, elle montre et pénètre intimement dans le ressenti de ceux qui savent se rendre disponibles pour recevoir.

Mais où se cache la poésie ? Partout. D'ailleurs, elle ne se cache pas. Si le passant ne la voit pas, c'est qu'il a la vue obstruée par ses convenances, sa résignation et son quotidien.

Mais si elle a un lieu de prédilection, c'est bien en prenant vie dans les salles de spectacles. Là, elle explose, toute enrubannée de notes et de lumières, portée par le souffle de la joie partagée. Les plumes et les strass des grandes scènes mots et les mélodies emmènent le public bien au-delà de ses rêves. Et, dans les lieux plus intimes, la chanson crée immédiatement une précieuse intimité entre l'artiste et son auditoire.

Musique et poésie se rejoignent pour convier à une communion des âmes dans un égrégore absolu. La poésie s'ouvre à tous les impossibles, à toutes les émotions. Les enveloppent les ferveurs et guident vers le vrai bonheur : celui de la simplicité acceptée.

Sous sa coupole, le cirque rassemble toutes les étoiles du ciel. Durant les nombreuses années où j'ai partagé la vie des Gens du Voyage, j'ai toujours savouré la poésie naturelle qui émanait de la piste enchantée.

Alors, je m'offre l'extraordinaire audace de soumettre au lecteur indulgent ces quelques fluctuations de l'âme, dont la plupart se lit en musique, dans l'espoir qu'elles sauront répondre en partie aux leurs.

Michèle Barbier

ERRANCES DE CIRQUE

CE VENT QUI VA

Ce vent qui va, ce vent qui vient
Qui me sourit, qui me taquine
En se moquant de mes chagrins
Ce vent qui court et me lutine

Oh, le saisir entre mes doigts
Et l'empêcher de s'envoler
Le soumettre enfin à ma loi
Et pouvoir pour moi le garder

Mais le vent passe, mais le vent court
Se refusant à mes désirs
Le vent s'en va, libre toujours
Je ne peux pas le retenir

Le vent s'éloigne, le vent résiste
De sa nature trop satisfait
Et moi, je reste seule et triste
Dans mon corps lourd emprisonnée

Oh, si je pouvais au moins
Quitter ma chair, quitter ma vie
Et m'engager sur son chemin
Pour une étreinte à l'infini

Hélas, malgré la force de mon ardeur
Je ne peux que m'abandonner
A son bon vouloir de seigneur
Le vent ne veut pas se figer

Le vent s'en va, le vent s'en vient
De nos caresses libertines
Et de mes envies clandestines
Bientôt, il ne restera rien

DIALOGUE

Maman, où va le vent
Demandait l'enfant ?
De cœur en cœur
Répondait ma mère
Pour calmer nos chagrins

Maman, où étais-je avant de naître
Demandait l'enfant ?
Dans mes rêves
Répondait la mère
Et puis le vent t'a amené

Maman, l'amour, ça fait mal
Demandait l'enfant ?
Non, bien sûr
Répondait la mère
Mais la haine, oui !

Maman, pourquoi les gadjé * préfèrent l'argent à la
nature
Demandait l'enfant ?
Parce qu'ils ne la connaissent pas
Répondait la mère
Ils ne savent vivre que dans le dur

Maman, pourquoi les gadjé habitent dans des cailloux
Demandait l'enfant ?
Parce qu'ils ne savent pas
Répondait la mère
Que les vraies attaches sont l'amour et le vent

Maman, alors, le vent ne leur dit rien
Demandait l'enfant ?
Le vent leur parle toujours
Répondait la mère
Mais ils ferment leurs fenêtres pour ne pas
l'entendre

*Gadjé : sédentaires, habitant en maison

LES FORAINS APPARAISSENT

Les forains apparaissent
Quand la ville dort encore
En offrant leurs trésors
De beautés, de richesses
D'élans multicolores
Se nourrissant de rêves
Ils domptent l'indomptable
Sur la piste ces orfèvres
En or changent le sable

Poètes sans voix, poètes des corps
Poètes des chemins infinis
Lucioles, sémaphores
Combattants de l'ennui
Ils marchent, lourds de leurs mystères
Leurs vies en bulles de savons
Scintillantes, éphémères

Mais ces forains n'ont pas de nom…

PETIT GITAN

Poursuis ta route, petit gitan
Laisse-toi guider par le vent
Toi qui ne vis que d'essentiel
Ne reviens jamais sur tes pas
L'errance est grande, l'errance est belle
Surtout ne te retourne pas

Toi qui connais l'odeur du temps
Toi qui ne vis que pour l'instant
Qui pare tout de comédies
Bouffon, Arlequin de lumière
Toi qui de rêves te nourris
Eloigne-toi de nos misères

Poursuis ta route, petit gitan
Paillette nos joies et nos tourments
Jongle la sagesse éternelle
Ne reviens jamais sur tes pas
L'errance est grande, l'errance est belle
Surtout ne te retourne pas

LA LUNE A PARLE
(comptine)

Au bord de la route
Je m'en suis allée
Sans peurs et sans doutes
Et le pas léger
Entre deux bouleaux
Quand le jour s'achève
Quand le soir est beau
Quand la lune se lève

Au bord du chemin
Etrange lutin
Je l'ai vu soudain
Me tendre la main
Il venait de loin
D'un pays sans nom
Il ne disait rien
Parler, à quoi bon ?

Il m'a regardée
De ses yeux d'enfant
Pas même étonné
Le sourire confiant
Moi qui ignorais
Le mot Solitude
J'ai été troublée
Dans mes certitudes

« D'où viens-tu, petit ?
De quelle contrée ? »
Alors il m'a dit
« Donne-moi à manger

Il fait faim et froid
Je suis fatigué
Personne n'est là
Pour me consoler »

J'ai tendu une orange
C'est tout ce que j'avais
A ce gamin étrange
Qui s'en est emparé
Il a mordu la peau
Et il a bu le jus
Puis il m'a dit ces mots
Que je n'oublierai plus :

« Le ciel soit avec toi !
Latchi bart * et merci
Tiens, voilà, c'est pour toi »
Et puis il est parti
J'ai trouvé à mes pieds
Une orange en diamant
Qui brillait, qui brillait
Comme un jour innocent

La lune, qui est sage,
La lune alors m'a dit
« Cet enfant du voyage
Ce petit Romani*
Venu de nulle part
Disparu en silence
Tu le verras plus tard
Il était ta conscience »

Traduction du romanès : Bonne chance !

COMPLAINTE TZIGANE

Que des fleurs naissent à l'ombre de mes larmes
Et que le vent emporte mes chagrins
La douceur se mêle au parfum des charmes
Tout mon passé embaume mes chemins

Dans les marais, j'ai cueilli tant de rêves
Tant d'amours, balayées par les bourrasques
Et, parvenue au temps où tout s'achève
Enfin, je me permets d'être lasse

La nuit est là, la nuit qui me sourit
En tendant vers moi ses bras de cristal
Le temps s'arrête, le temps qui se réduit
Me pousse tendrement vers mon étoile

Je n'ai jamais croisé le grand gardien du ciel
Qui aurait éclairé les sentiers sous mes pas
Dans la forêt obscure, dans l'errance éternelle
Qui me dira enfin ce qui est juste ou pas ?

Que mes peurs fanent à l'ombre de mes larmes
Et que le vent caresse mes chagrins
La douceur se mêle au parfum des charmes
Tout mon vécu embaume mes chemins

ENTREZ AU CIRQUE !

Se sentir un migrant sur des chemins d'espoir
Se nourrir d'étoiles de paillettes et de strass
Entrer dans les démences pour oublier l'angoisse
Et retrouver les rêves
Auxquels on ne croit plus

Le cirque, baume des solitudes
Berceau des impossibles, des rires salvateurs
S'enivrer de folies pour apaiser les peurs
Et retrouver les rêves
Auxquels on ne croit plus

De fiers élans de vie opposés aux lumières
Des bulles de couleurs lancées à l'univers
Aux vies impersonnelles
Où les cœurs se sont tus
Pour retrouver les rêves
Auxquels on ne croit plus

MA MAISON A QUATRE ROUES

Dans ma maison à quatre roues
Le monde se met à ma portée
J'entends le vent, j'entends la pluie
Se briser sur ses murs de bois
Les murs résistent à leur courroux
Ils savent bien me protéger
Je me fais petite, ralentie
Comme disait Arthaud autrefois

    La ville au loin bruisse ses chaînes
    Inquiète, toujours aux aguets
    Il fait si bon dans mon domaine
    Un peu à part, pas tout à fait

        Dans ma maison à quatre lunes
        Tout est chaleur et tout est paix
        J'entends le vent, j'entends la pluie
        Qui continuent de me narguer
        Pleins de fureurs et de rancunes
        Jaloux de ma sérénité
        Indifférente à tous leurs bruits
        Ma roulotte sait me protéger

            La ville au loin respire à peine
            Sous ses nuages enfumée
            Il fait si bon dans mon domaine
            Un peu à part, pas tout à fait

                Dans ma maison à quatre rêves
                Qui subit les assauts des gouttes
                J'entends le vent, j'entends la pluie
                Duo pétri de malveillance

Qui ne m'accorde aucune trêve
Nullement je ne les redoute
Car je suis fille de la nuit
Qui nimbe tout de sa clémence

Dans ma maison à quatre pluies
Dans ma maison à quatre vents
Ornée d'étoiles et d'infinis
J'attends le jour tranquillement

INTIMITE

Mon bel artiste
Venu d'un autre monde
Je veux croire en toi

Elfe de cristal
En costume de lumière
Ondulant sur la piste
Uniquement pour moi

Danse, mon doux mirage
Je te suis étrangère
Tu as rêvé pour moi

Alors, je crois en toi

L'AMOUR SUR UN FIL

En équilibre sur mon fil
Entre espérance et désarroi
Je longe la voie difficile
Qui me mènera vers toi
Toi, ma lumière, toi ma douleur
Mon bel amour inavoué
Mon ambition et mon ardeur
Qui ne me regarde jamais

    J'ai pourtant revêtu mes strass
    Mon costume le plus scintillant
    Le public admire ma grâce
    Je suis la reine de l'instant
    Toi ma lumière, mon presqu'amant
    Qui ne connaît ni terre ni eau
    Pour qui l'air est le seul élément
    Jamais tu ne seras oiseau

        J'ai emprunté la voie étroite
        Entre le mal et puis le bien
        J'ai si peur d'être maladroite
        Et de marcher vers toi en vain
        Toi, ma lumière, mon rêve fou
        Je joue ma vie rien que pour toi
        Baisse les yeux, rejoignons-nous
        En courtisans du cirque roi

            Sous la voûte éloignée, j'avance
            En grand écart, en petits pas
            En entrechats, en espérances
            Et toi, tu ne le vois pas
            Toi ma lumière, toi ma douleur

Mon bel amour inachevé
Toi qui ne sais rien de mes peurs
Vas-tu enfin me regarder ?

SI PROCHES ET SI LOINTAINS

Quelques notes au saxo
Nostalgies clandestines
Ouverture du rideau
La piste s'illumine

Tout autour, des visages
Qui ne sont jamais siens
Des éternels passages
D'indéfinis destins

Ma route est grande et belle
Riche de mes désirs
Dans mon voyage éternel
Je n'ai jamais su le dire

Une toile s'élève
Elle sent ce que je sens
Alors, le temps d'un rêve,
Je vis intensément

DESIR DEFENDU

Le vent d'octobre plissait la rivière
Alanguie sous les bruyères
L'herbe était si tendre
Que j'ai voulu prendre
Un amour sédentaire qui m'était inconnu

Les fleurs de la lande
Aux couleurs de cendres
Ont souri de mes mots
L'amour s'est enfui

Amours de rêves
Amours d'automne
La nuit se lève
La pluie résonne
Perles de douceurs
De mots éteints

Mais on ne vit pas d'amours inconnues

Alors, j'ai rejoint les couleurs de l'ombre
Les fleurs de la lande ne pousseront plus

APRES LA REPRESENTATION

Deux trapézistes d'or
Aux longs rubans d'albâtre
La symphonie des corps
Les grâces d'acrobates

Nuages blancs, légers
Dansant en haut des pistes
Menuet de nez rouges
Aux effets capricieux

Etoiles scintillantes
Vibrantes de gaieté
Paillettes et mystères
Eclats d'obscurité

Demain ils seront loin
Pour offrir tous leurs rêves
A ceux qui voudront bien
Les prendre et les garder

Qui voudront les aimer

QUAND LE CHAPITEAU EST VIDE

Vos nuits auraient pu être douces
Si vous aviez bu à nos sources

Je ne sais pas, je ne sais plus
Ce qui est vrai, ce qui n'est plus
Si je dis mal, si je dis faux
Entendez au-delà des mots

Je ne sais pas, je ne sais plus
Dans mon voyage je suis perdue
Face à vos rires disparus
Et vos univers inconnus

L'or de ma piste ne brille plus
Il ne croit plus en l'absolu

DEMONTAGE

Palais devenu toile
Au long de sa descente
Déchu de majesté
Sous la pluie frémissante

Ces joies de l'éphémère
Sur ces herbes mouillées
Nul n'y prête attention
Que l'onde sur l'étang

A l'entour, les maisons
Ont banni leurs lumières
Tous les volets sont clos
Les ardeurs se sont tues

Puis le grand chapiteau
S'est plié sous mes doutes
J'erre, mélancolique
Il fait triste ce soir

ESPACES

Extraits du spectacle « Le Voyage d'Oniara »

Parfois les trapézistes volent si haut qu'ils atteignent le ciel

HOMMES VOLANTS

Un couple d'aériens
S'est envolé ce soir
Plus loin, toujours plus loin

Etranges créatures
Libres de chairs opaques
Ils ont rejoint l'azur

Etranges corps volants
Libres de pesanteurs
En nuages scintillants

Si proches du soleil
Lui qui leur tend de loin
Ses rayons de vermeil

Ils ont atteint l'espace
Bercés par leur trapèze
Ils sont partis trop loin

On a perdu leur trace

CONFESSION

Je suis enfin devenue irréelle
Oui, j'ai perdu mon corps. Il ne m'en reste que l'apparence

Nous étions deux à vouloir quitter la terre
Nous étions deux à gagner notre ciel

Mais…

Il a pris ma main. Et il m'a dit :
Je m'en vais. Seul.
J'ai répondu : je sais.
Il m'a dit encore : Je t'appellerai
J'ai répondu : je t'entends déjà

Dans son léopard blanc, Nils Holgersson est passé sur son oie aux ailes transparentes. Il s'est envolé sur son dos.

Le ciel est devenu noir. Les étoiles sont tombées en chute douce. Elles n'ont même pas fait de bruit. Le vent lui-même s'est détourné, par pudeur. Peut-être en riant, mais cela, je ne l'ai pas vu. Il n'est plus resté qu'un nuage, à qui je suis allée confier mes larmes.

Aimer… Un mot terrien. Presque le mot « amer »

Pleurer… Un autre mot terrien.
Alors, je suis restée derrière mon nuage, en me répétant ses dernières paroles, qui tintaient doucement à mes antennes :
« Je t'appellerai, je t'appellerai »…

L'appel de l'irréalité.

JE MARCHERAI POURTANT

Entre terre et ciel…

Changer la disposition de ma piste pour en faire ma station interstellaire. Avoir pignon sur Neptune au lieu de pignon sur Pluton. Alors, je verrai la terre, toute en bleu, si jolie de loin, qui m'inviterait à la rejoindre.

Je marcherai sur le bleu.

Mais je ne trouverai que barrières, chaînes et frontières.

J'écouterai les hommes. Pas un ne cherche à s'échapper des griffes des mots, des barreaux de leurs étranges conventions.

Ils parlent beaucoup, mais ils ne se comprennent pas.

Il est vrai qu'ils n'ont jamais éprouvé le silence plein de l'espace…

VOYAGE SUR LA TERRE

Libérez-vous des pesanteurs ! Il faut si bon, là-haut…

Vision étrange offerte par la terre à ses volants interstellaires, que l'énorme quantité de pierres, amassées pour étouffer les familles, et de métaux concassés pour que les hommes se promènent, pliés dans leurs minerais roulants, en écrasant sans même les voir les brins d'herbe, les fleurs, les papillons et les lucioles…

Parce qu'elle est bleue leur atmosphère est vénérée dans l'espace.

Mais les hommes ignorent cette tendresse qui les enveloppe. Ils la peignent en gris. Ils la piquent de gratte-ciels. Ils la transpercent de mille projectiles de fer. Ils l'enfument sans la moindre retenue.

Déjà, en se penchant à l'ouest de Jupiter, on peut voir que leur bleu se dégrade, en traînées livides, coulées de leur sécheresse et de leur ennui…

SENTENCE GALAXIQUE

Le Grand Tribunal Galaxéen, qui se réunit sur Minerve, a notifié un jugement préalable à l'encontre des Terriens. Les Terriens sont déclarées coupables : ils aiment la vie bien moins que la puissance. Mais la vie reste quand la puissance disparaît. La terre est importante, pas les Terriens.

Le verdict spatial est tombé : « Désintégration ! »

La terre éclatera dans l'univers. Elle verra ses atomes se détacher. Ses molécules seront disséminées sur toute la Grande Ourse, pour qu'elles ne se ressoudent jamais. Une comète la balayera d'un simple coup de queue enflammée. Personne ne la pleurera !

Aucun humain ne sera réintégré dans l'infini. Aucun ne reverra ses disparus.

Le Procureur Général a proposé que leur étole de luxe leur soit confisquée. Mais la cour a suivi l'avis de la Défense : il serait dommage que les autres vivants de l'Univers ne puissent plus contempler la grande planète bleue.

Bleue… Pour combien de temps encore ?

Il faudra que la sentence soit exécutée dans les meilleurs délais.

IMPRESSIONS STELLAIRES

Avez-vous bien observé la disposition des étoiles, les reflets de leurs vibrances, l'éclat de leurs énergies ?

Mon trapèze m'a menée au royaume de l'éternel. J'ai retrouvé mes disparus. Remonter le temps n'est plus un problème.

Là-haut, les animaux sont des étoiles : bélier, taureau, et même poissons...

Bientôt, seuls les chapiteaux rappelleront que les étoiles existent toujours, se promenant sur l'illusion soufflée par nos désirs.

AU ROYAUME DES GADJE

LE CREPUSCULE DES NOSTALGIES

Il faut se méfier de la nuit
Elle vous désarme sans pitié
Et dans son silence implacable
Elle vous dépouille de vos masques

Elle a montré tant de patience
Tandis que le jour grimaçait
Superbe pantin outrancier
Qui vous enivrait d'insouciance

Le jour est là, qui vous amuse
Vous entraîne dans son sillage
Et qui vous force par ses ruses
A vous emmurer le visage
Dans des distractions habiles
Il vous transforme peu à peu
En petits soldats d'argile
Marchant au pas des désavœux

Mais à la fin revient la nuit
Et dans son silence implacable
Elle vous dépouille de vos masques

Il faut se méfier de la nuit
Quand revient le désir d'aimer
Avec son douloureux ennui
Et ses élans inachevés

FANTAISIE

Des ans qui passent
Et font la ronde
Et font la ronde
Avec le temps

Des temps qui passent
Er font la ronde
Et font la ronde
Avec les vents

Des vents qui passent
Et font la ronde
Et font la ronde
Avec les gens

Des gens qui passent
Et font la ronde
Et font la ronde
Avec les ans

CES VISAGES INCONNUS

Ces visages inconnus
Pourtant si familiers
Rappellent un temps perdu
Riche de regards croisés
Des émotions perçues
Par pudeur étouffées
On ne s'est pas connu

Car à chacun son vent
Sur son monde enfiévré
A chacun ses tourments
Ses bonheurs, ses regrets

Tout ce passé commun
Ces nostalgies légères
Si lourdes de parfums
De partages éphémères
Tant d'élans renoncés
Jugés inopportuns

Ce passé qui s'enfuit
Faute d'être vécu
L'autre était si joli
Mais on ne l'a pas vu
Dévoré par le temps
Et par les habitudes
Des silences infinis

Car à chacun son vent
Ses rêves à inventer
Tous unis cependant
Dans un même passé

PARIS MA DOUCE

Paris ma douce, Paris ma belle
Paris ma tendre qui fait rêver
Paris la superbe éternelle
Vénérée dans le monde entier
Tes monuments, tes perspectives
Et tes lumières à profusion
Paris qui danse et qui captive
Paris mystère, Paris passion
Paris ma froide et ma cinglante
Paris qui ne m'accepte pas
Pour gagner tes faveurs d'amante
Que faut-il faire ? Je ne sais pas !

Paris ma seule et ma cruelle
Pour ceux qui errent dans tes rues
Que tu ignores, que tu appelles
Leur tendant tes fruits défendus
Paris promesse, Paris perfide
Mon beau miroir aux alouettes
Ma Génitrix toujours avide
Tu me dévores, tu me rejettes
Paris des clans et des contrastes
Qui s'affrontent sous des airs sournois
Paris colère, Paris néfaste
Comment te plaire ? Je ne sais pas !

Paris pourtant, Paris encore
Avec tes filets de sirène
Et tes parfums de mandragores
Qui m'enivrent et puis qui m'entraînent
Paris ma fière et ma patiente
Qui résiste à tous les assauts

Indépendante et exigeante
Serai-je un jour à ton niveau ?

Non, je n'ai pas trouvé ma place
Dans ton univers d'étrangers
Tout est trop grand, tout me dépasse
Tu me possèdes et je te hais !

Et malgré tout, Paris ma belle
Paris amour qui fait pleurer
Paris ma grande, mon éternelle
Jamais je ne te quitterai

DELIVRANCES

Fleur de tabac
Souffle brûlant
Un délicat
Parfum d'encens

Volutes bleues
De fumée claire
Leur éphémère
Délicieux

Un piano-bar
Et un saxo
Le cœur s'égare
Tout se fait chaud

Fleur de tabac
Sous la lumière
Frémis de l'air
Encore une fois

Des fumées bleues
Volutes claires
Un délicieux
Goût d'éphémère

Un pas de danse
Une chanson
Et dans l'absence
Tout se fait bon

VERSEZ-MOI UN WHISKY

Ce soir, je vois des choses
Qui ne se disent pas
Ce soir, je vois ces choses
Celles que l'on n'avoue pas
Dans ce cocktail mondain
Champagne et petits fours
Toilettes de satin
De soies et de velours

Versez-moi un whisky
Bien tassé, s'il vous plaît
Parlez-moi en ami
Parlez-moi pour de vrai

Poupées et marionnettes
Ruses de séducteurs
Ballet de joies suspectes
Pour étouffer les peurs
Ce soir, j'ai le cœur lourd
Et je ne comprends pas
Pourquoi mentir toujours
Laissez-moi être moi

Versez-moi un whisky
Bien tassé s'il vous plaît
Parles-moi en ami
Laissez-moi exister

Oh, prenez-moi la main
Surtout, regardez-moi
Même si je ne suis rien
Si vous n'entendez pas

Le cri muet des roses
Qui fanent autour de moi
Ce soir, je vois des choses
Que vous ne voyez pas

Versez-moi un whisky
Bien tassé, s'il vous plaît
Parlez-moi en ami
Aimez-moi, s'il vous paît !

LE TEMPS DU ROCK

C'était le temps du rock and roll
Et le temps du boogie woogie
Quand James Dean était une idole
Quand les Tricheurs mentaient aussi
La révolte embrasait les cœurs
En balayant tous les acquis
On défendait d'autres valeurs
C'était la guerre en Algérie

        C'était la fin des grands empires
        L'éveil de nouvelles terreurs
        Hiroshima en devenir
        Franz Fanon clamait sa ferveur
        Blousons noirs, équipées sauvages
        Fureur de Vive en jeans fleuris
        Slows langoureux et amours sages
        C'était la guerre en Algérie

Que reste-t-il des années folles
Où l'on croyait aux lendemains
Enivrés de plaisirs frivoles
Et de projets bien incertains
Faute de savoir vraiment
Où le temps nous avait conduits
Nous l'inventions à pleines dents
C'était la guerre en Algérie

        Le monde craquait de toutes parts
        Il fallait bien un peu l'aider
        Le renouveau en étendard
        Au nom des « Patries » glorifiées
        C'était le temps du rock and roll
        Et le temps du boogie-woogie
        C'était le temps de la révolte
        C'était la guerre en Algérie

Et puis on a pris des valises
Pour rejoindre l'ailleurs infini
Où que le rock nous conduise
La guerre d'Algérie, c'est fini
Le rock and roll devenu twist
Et c'était tout aussi joli
Il ne fallait pas être triste
Si l'Algérie, c'était fini

On s'était trompé d'idéal
On a décidé de se taire
Au pays où tout est égal
Mais qui offrait d'autres lumières
Face au pardon trop difficile
On a préféré l'oubli
A la nostalgie inutile

Mais la jeunesse était finie
Abandonnée en Algérie

IL Y A TOUJOURS AUTRE CHOSE

« Au bout du chemin, une fenêtre ouverte »

Avec des mots
Des mots en couleurs
Des mots en parfums
Des mots en sucre
Des mots en éclats de rire
Des mots en éclats de lumières
Des mots espiègles
Des mots nouveaux
Des mots inoffensifs

Des mots enfin pleins de bonté

COCKTAIL MONDAIN

Visions d'un autre siècle
Visions d'un autre temps
Dans les salons Deauville
D'un bateau de croisière
Des voiles de princesse
Se balancent comme des boas
Sur des rythmes de samba

Rythmes d'un autre siècle
Rythmes d'un autre temps
Brassages de solitudes
Alignant les désirs
Tissés de rêves jamais atteints

Rêves d'un autre siècle
Rêves d'un autre temps
Nostalgies, liquoreuse
Tendresses, menacées
Qui se prennent pour quoi ?

Tendresses d'un autre siècle
Tendresses d'un autre temps
Avec des slows, absurdes
De l'alcool à pleurer
Sur des élans coupés

Elans d'un autre siècle
Elans d'un autre temps
Que l'on voudrait brûler
De toutes ses tentacules
Au bûcher des espoirs

Espoirs d'un autre siècle
Espoirs d'un autre temps
Mon ennui moravien
Bien arrosé de scotch

Deux mondes qui se côtoient
Mais qui ne se voient pas

CHAPITEAUX ET VENTS

Le cirque descend son chapiteau
Quand on n'a plus besoin de lui
Chacun a fait son plein de rêves
Alors, sa mission s'achève

Le cirque ferme sa porte au matin
Quand on n'a plus besoin de lui
Il s'est battu contre l'ennui
Et le vent est revenu

Puisque le temps reprend ses droits
L'inutile triomphe
Le quotidien grignote
La petite vie trottine

Un peu plus riches cependant

QUAND UN BALADIN S'EN VA

Ils ont vécu dans la lumière
Dans leurs habits de baladins
Et quand ils quittent cette terre
C'est pour aller vers d'autres sphères
Où nous irons les voir demain
A la recherche d'autres publics
Ils vont jongler sur d'autres scènes
Offrant leurs corps et leurs musiques
Désormais, ils donnent la réplique
Au vent qui les emmène au loin

Pour ceux qui vivent de leur foi
Le rideau ne tombe jamais
Eux qui travaillent dans la joie
Partageant rires et désarrois
Avec qui veut bien écouter
Les baladins sont des bouffons
Comme au temps des princes et des rois
Ils bousculent les conventions
Ils donnent vie aux illusions
Il n'est de vrai que ce qu'on croit

Nous ici, on les aime bien
On parle d'eux en souriant
Tout comme on parle de son voisin
Dont on vient de serrer la main
Un artiste ne meurt pas vraiment
Et la valeur ne se mesure
Qu'à ce qu'on laisse derrière soi
Comme une belle enluminure
Un sourire qui ne s'éteint pas

Quand un baladin s'en va
C'est en tournée dans l'au-delà

RIEN QUE L'INSTANT

Oser jongler avec les mots
Oser illuminer le vent
Sentir les souffles, retenir l'eau
Et s'enivrer de sentiments
Se transcender, toucher le Beau
Le partager infiniment

Table des Matières